# LES AVENTURES DE NEYMAR jr©

Mauricio De Sousa

Traduit du portugais (Brésil) par Natalia Dos Santos Ferreira

Talent Sport

Édition française publiée par
TALENT SPORT
115 rue de l'Abbé Groult 75015 Paris
www.talenteditions.fr

ISBN : 978-2-37815-015-0

Impression & reliure SEPEC - France
Numéro d'impression : 19387180357 - Dépôt légal : juin 2018

IMPRIM'VERT®

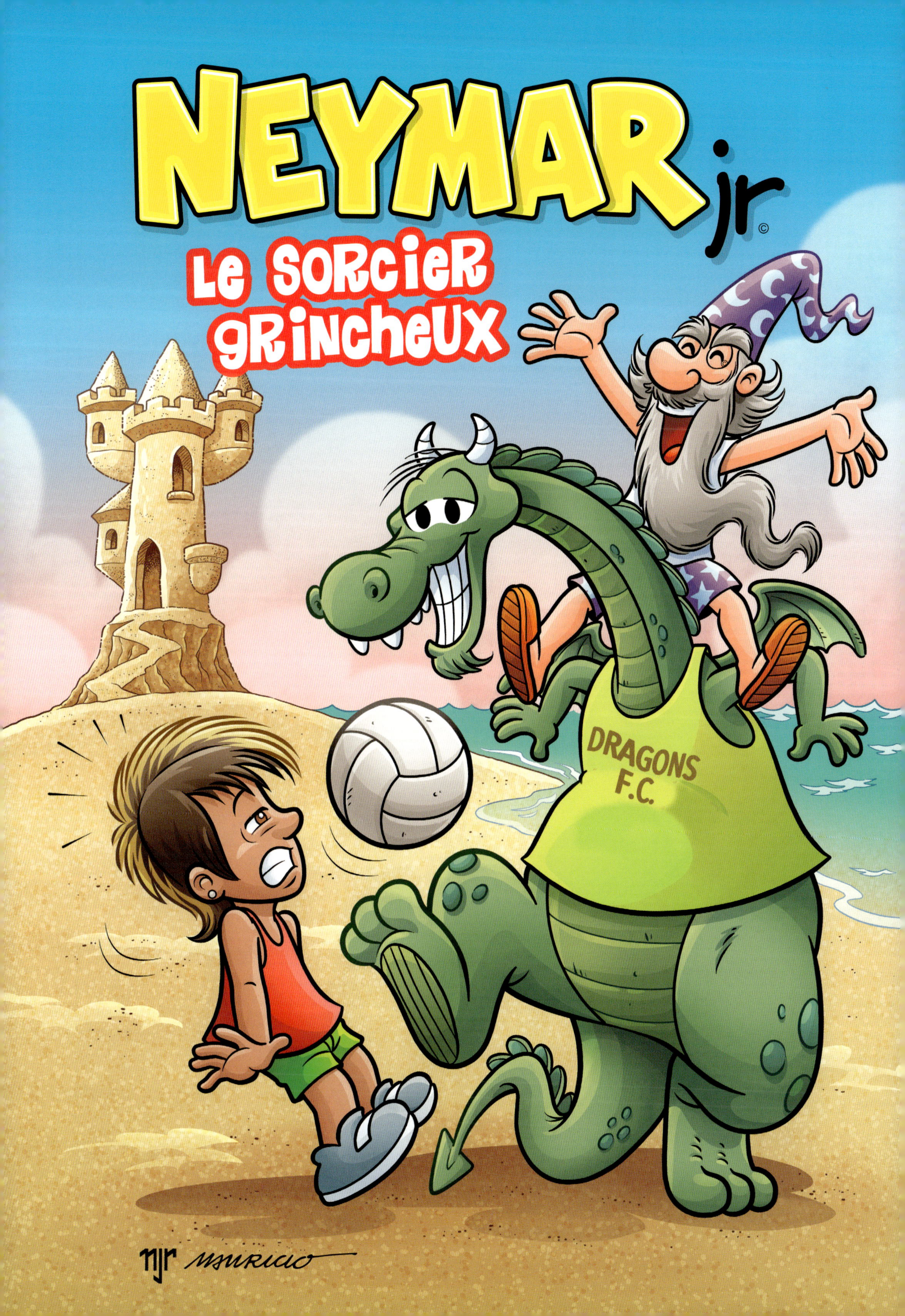
NEYMAR jr ©
Le sorcier grincheux
DRAGONS F.C.
njr MAURICIO

# LE SORCIER GRINCHEUX

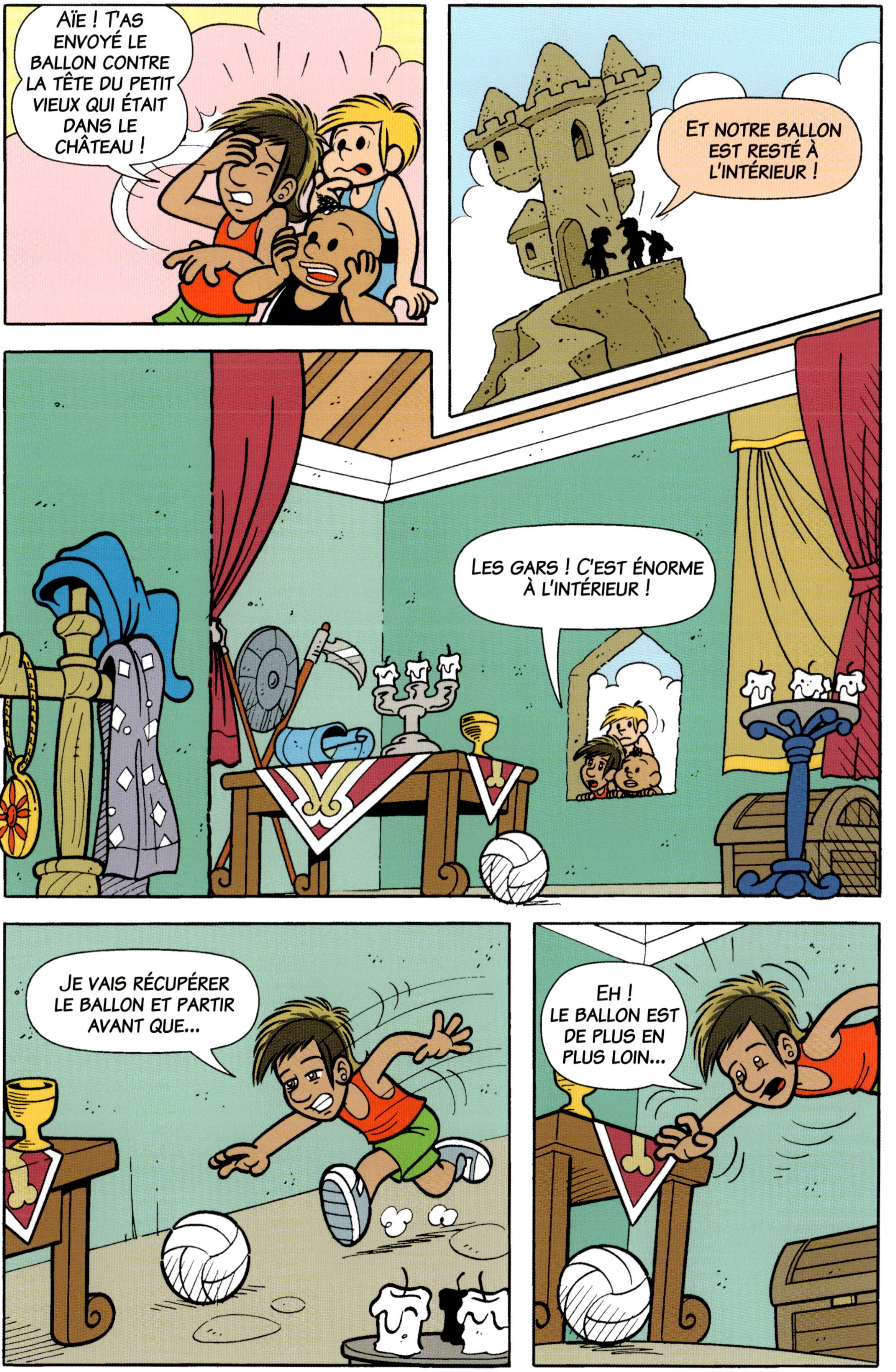
AÏE ! T'AS ENVOYÉ LE BALLON CONTRE LA TÊTE DU PETIT VIEUX QUI ÉTAIT DANS LE CHÂTEAU !
ET NOTRE BALLON EST RESTÉ À L'INTÉRIEUR !
LES GARS ! C'EST ÉNORME À L'INTÉRIEUR !
JE VAIS RÉCUPÉRER LE BALLON ET PARTIR AVANT QUE...
EH ! LE BALLON EST DE PLUS EN PLUS LOIN...

C'EST TOI QUI ES DE PLUS EN PLUS LOIN, NEYMAR !
ON EST EN TRAIN DE FLOTTER !
ÇA, C'EST POUR M'AVOIR ENVOYÉ UN BALLON EN PLEINE TÊTE !
ET MAINTENANT, OUST ! HORS DE MA VUE !
QUEL SORCIER DÉSAGRÉABLE !

ET EN PLUS, IL VEUT GARDER NOTRE BALLON !
DU BALAI !
ON VA S'ÉLOIGNER UN PEU !
MAIS CE COIN NOUS APPARTIENT ! ON L'A VU EN PREMIER !
REGARDEZ QUI VIENT D'ARRIVER !
MAIS QU'EST-CE QU'IL EST EN TRAIN DE FAIRE ?

C'EST UNE BELLE JOURNÉE POUR UN BAIN DE SOLEIL ! HI, HI, HI !
MAINTENANT, DÉBARRASSEZ-MOI LE PLANCHER !
JE VEUX LIRE LE MAGAZINE HEBDOMADAIRE DU SORCIER HEUREUX EN PAIX !
BEN VOYONS ! CETTE PLAGE EST AUSSI À NOUS !
ADMIREZ LA STAR !

AÏE ! PETITES PESTES !!
ET MAINTENANT ?
J'AIMERAIS BIEN VOUS VOIR VOUS PAVANER DEVANT MON GENTIL COMPAGNON !
OUAIS ! ON VA JOUER EN FAISANT TRÈS ATTENTION ET...
BALLON ?! BALLOOON !!

J'AVAIS OUBLIÉ QUE CE DRAGON INUTILE ADORAIT UNE BONNE PARTIE DE FOOT !
REVIENS ICI TOUT DE SUITE !
ON PEUT MÊME PLUS S'AMUSER !
VOUS NE POUVEZ PAS NOUS OBLIGER À SORTIR DE LA PLAGE ! C'EST UN ENDROIT PUBLIC !
D'ACCORD, JE VOUS PROPOSE UN MARCHÉ ! VOUS CROYEZ VRAIMENT QUE VOUS SAVEZ JOUER AU FOOT, PAS VRAI ?

EH BIEN, ON VA JOUER ! L'ÉQUIPE QUI PERD FICHE LE CAMP POUR DE BON !
ÇA MARCHE !
FACILE !
BEN, ET ELLE EST OÙ VOTRE ÉQUIPE ?
OH, ELLE SE CACHE DANS LE COIN...

... MAIS ELLE ARRIVE ! HI, HI !
DES MONSTRES DE SABLE ?!
ET LE MATCH COMMENCE !
KOF ! KOF !
AH, MES YEUX !
ET BUUUT !
TU PARLES !

AH ! AH ! QUEL PLAISIR DE DONNER UNE RACLÉE À CES MALADROITS !
AH, OUAIS ?! ET QUE DITES-VOUS D'UN TIR QUI TRANSPERCE LA DÉFENSE ?
ET VOILÀ LE BALLON QUI VA TOUT DROIT DANS LA LUCARNE !
AH !

DE CE CÔTÉ-CI, ON A UN GARDIEN DE BUT, MON GARS !
ILS SONT EN TRAIN DE BIEN SE MOQUER DE NOUS !
ON VA SE FAIRE LESSIVER !
T'AS DIT « LESSIVER » ?
J'AI UNE IDÉE !

BEN ALORS, HORRIBLES MONSTRES ?
VOUS N'ALLEZ PAS M'ATTRAPER ?

ET POURQUOI PAS UN FREESTYLE D'HUMILIATION SOUS LE NEZ DE NOS ADVERSAIRES ET...

OUPS ! JE CROIS BIEN QUE J'AI FAIT FONDRE LEUR ENTRAIN !

MAINTENANT, ON EST LIBRES DE MARQUER AUTANT DE BUTS QUE L'ON VEUT !
ET VOICI LE DERNIER !
ON A GAGNÉ !
ET MAINTENANT, QUI EST-CE QUI VA SORTIR POUR DE BON DE LA PLAGE DE SANTOS ?
JAMAIS ! JAMAIS !
PETITES CANAILLES ! VOUS NE SAVEZ PAS À QUI VOUS AVEZ AFFAIRE !
VOUS ALLEZ VOIR MAINTENANT DE QUEL BOIS JE ME CHAUFFE !

UNE SECONDE ! TU AS DIT SANTOS ? ON N'EST PAS À MALIBU ?
NON !
OH, NON !
J'AI PRIS DU MAUVAIS CÔTÉ À MADAGASCAR !
AUTANT DE CONFUSION POUR RIEN !
VIENS ICI !
IL EST TEMPS DE PARTIR !
MALIBU, J'ARRIVE !
ON S'EST DÉBARRASSÉ DU CINGLÉ !
MAIS, IL AURAIT PU PRENDRE SON DRAGON DE COMPAGNIE AVEC LUI !
RÉVEILLE-TOI ! ON VA JOUER AU BALLON ! BALLON !
FIN

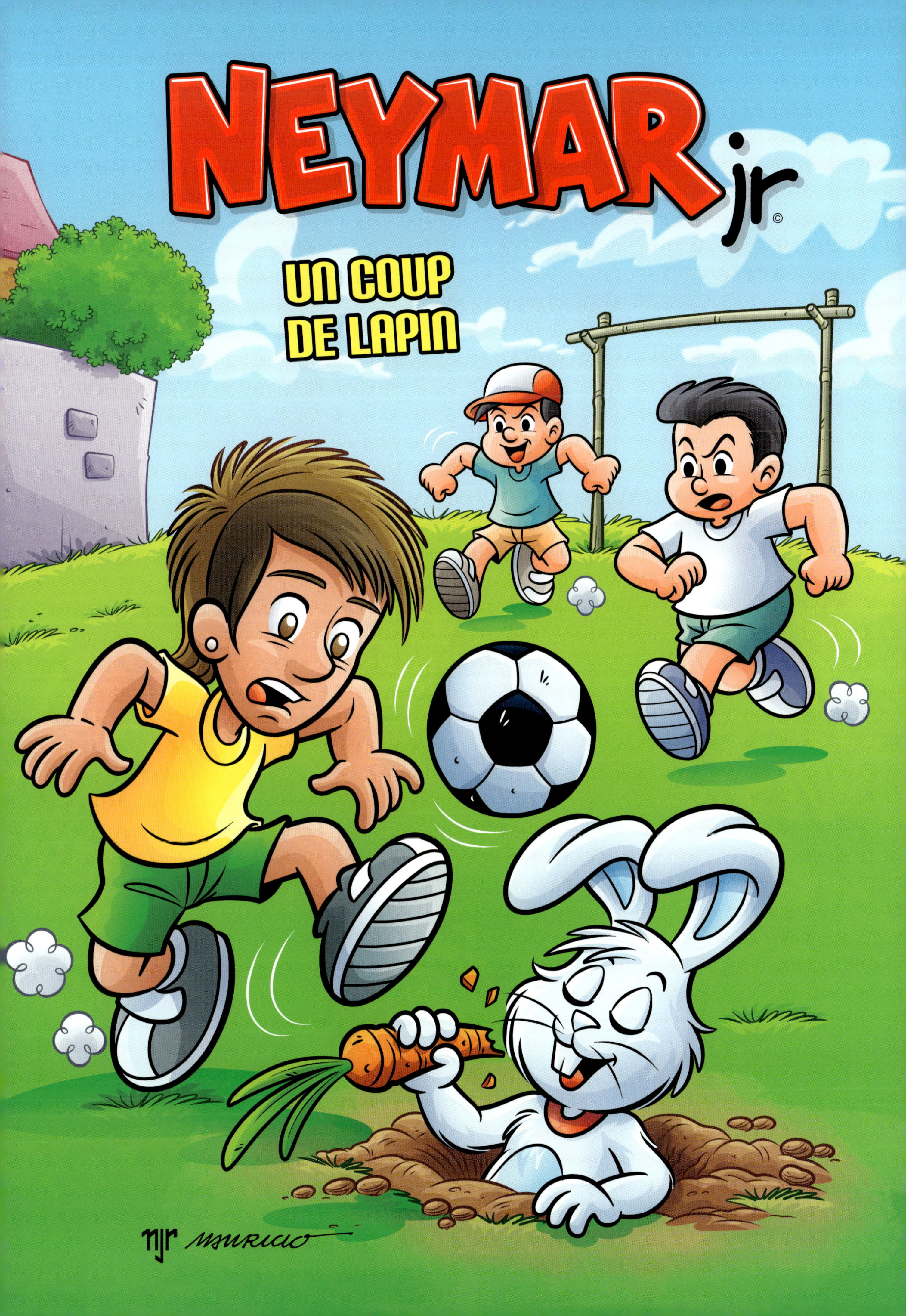
NEYMAR jr ©
UN COUP DE LAPIN
njr MAURICIO

# UN COUP DE LAPIN

TIENS ! AU MOINS, ON A DÉJÀ L'ÉQUIPE !
C'EST ÇA ! L'ÉQUIPE !
MAIS IL MANQUE PAS QUELQUE CHOSE, PAR HASARD ?
LE BALLON !
OUAIS ! LE BALLON, C'EST LA TOUTE PREMIÈRE CHOSE !
ALORS, IL FAUT QUE TU VOIES CE QUI SE PASSE AVEC TON AMI, LÀ !
CE LAPIN !
SANS BALLON, PAS D'ÉQUIPE, NI JEU !
OUINC ?!
QUOI ? LE LAPIN ?
MAIS QU'EST-CE QU'IL A FAIT ?
AH ! AH !
TU VEUX VOIR ?

LE BALLON A DISPARU !!
HEIN ?
COMMENT ÇA LE BALLON A DISPARU ?
IL ÉTAIT JUSTE LÀ, IL N'Y A PAS UNE MINUTE !
ET C'EST BIZARRE !
LE TERRAIN EST PLEIN DE TROUS !

OUAIS
TOUT RETOURNÉ !
ET ÇA NE PEUT VOULOIR DIRE QU'UNE SEULE CHOSE !
QUOI ?
?
OUINC ?!
MON LAPIN ?!

QUI EST-CE QUI NE SAIT PAS JOUER AU FOOT, ICI ?
SAIT FAIRE DES TROUS...
...ET CACHE DES BALLONS ?
HEIN ?!
OUI ! TON LAPIN !
POURQUOI T'AS PAS UN CHIEN, COMME TOUT LE MONDE ?
TOUS NOS BALLONS DISPARAISSENT !
ALORS ?
TU FAIS DE CES BÊTISES, HEIN ?
OUINC ! UIII ! UIII !
AH, OUI ?
ET QUI CONNAIS-TU QUI AIME FAIRE DES TROUS, DANS LE COIN ?
TU ES LE SEUL QUI AS PU CACHER CE BALLON !

HUM...
UIIII !!
?
CREUSE CREUSE
CREUSE
CREUSE
?
OUINC !
AAAHH !!
MAIS C'EST UN VER DE TERRE ?!
BEURK !
METS ÇA LOIN D'ICI !
COMMENT VEUX-TU QU'UN VER DE TERRE PUISSE FAIRE UN TROU PAREIL ET Y CACHER LE BALLON ?

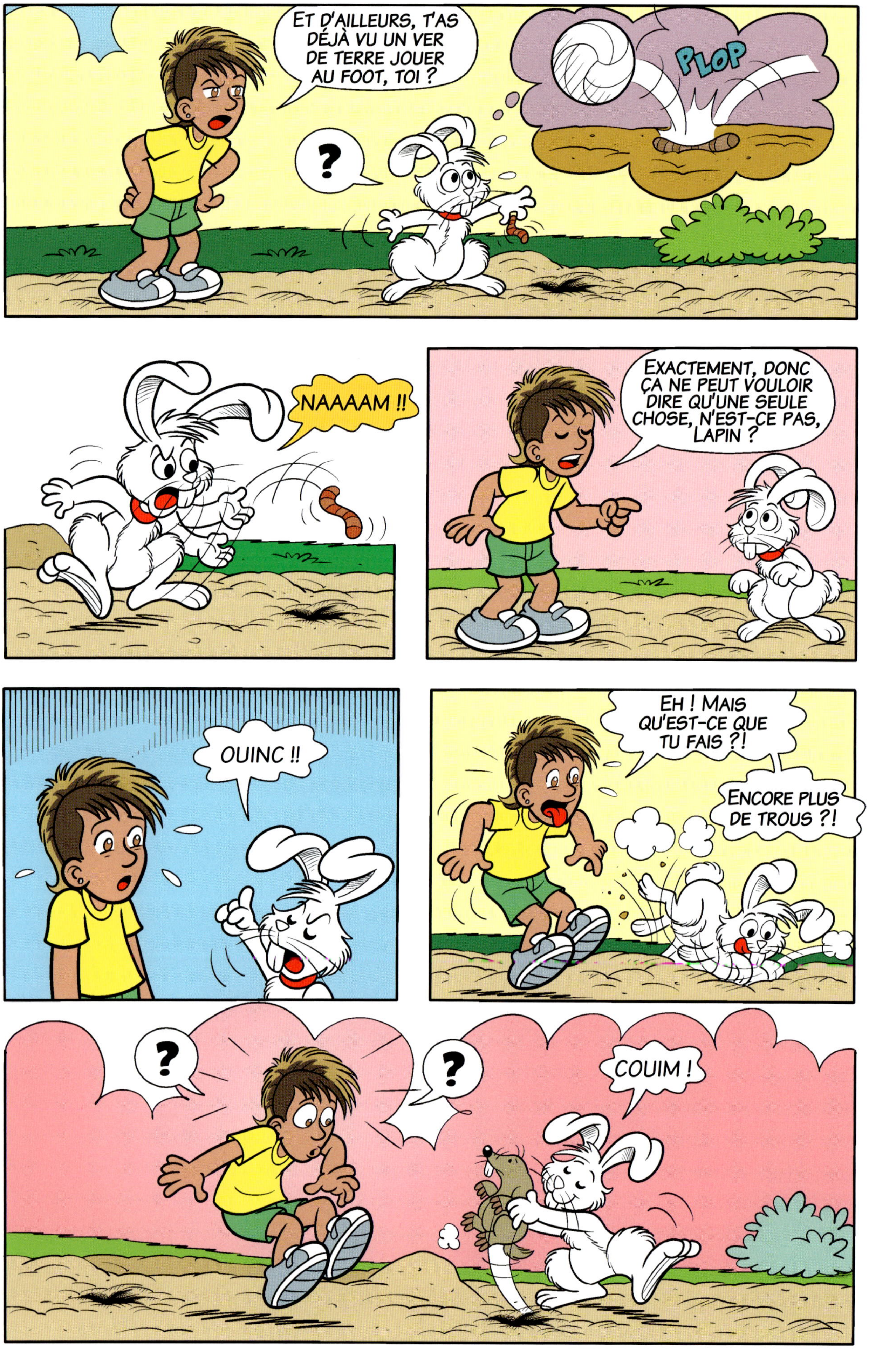
ET D'AILLEURS, T'AS DÉJÀ VU UN VER DE TERRE JOUER AU FOOT, TOI ?
PLOP
?
NAAAAM !!
EXACTEMENT, DONC ÇA NE PEUT VOULOIR DIRE QU'UNE SEULE CHOSE, N'EST-CE PAS, LAPIN ?
OUINC !!
EH ! MAIS QU'EST-CE QUE TU FAIS ?!
ENCORE PLUS DE TROUS ?!
?
?
COUIM !

AAAHH !! C'EST QUOI, ÇA ?!
UNE TAUPE ?!
COMMENT VEUX-TU QU'UNE TAUPE JOUE AU FOOT ?
ELLES N'Y VOIENT RIEN DU TOUT !
ET PUIS, IL Y A TROP DE TROUS !
MÊME POUR UNE TAUPE !
CE QUI VEUT DIRE QUE LE RESPONSABLE, C'EST...
?
...UN TATOU ?!

TU VEUX BIEN ME DIRE D'OÙ VIENT CE TATOU ?
OUINNN...
MAIS LES TATOUS N'ONT MÊME PAS BESOIN D'UN BALLON !
PUISQU'ILS SONT DES BALLONS !
?
TU VOIS ?
ROULE
ROULE
CE QUI NE PEUT VOULOIR DIRE QU'UNE CHOSE !
IL NE RESTE QUE TOI ET...
...ET...ET...
PAN
PAN
WOUAF ! WOUAF ! WOUAF !

?
?
CREUSE CREUSE CREUSE
PLOP
CACHE
CACHE
WOUAF ! WOUAF !

EEEHHH !!
REGARDEZ ! VOILÀ MÉDOR !
WOUAF ! WOUAF !

BEN ALORS, COMMENT ÇA VA ?
TU VEUX JOUER AVEC NOUS, C'EST ÇA ?

SAUF QUE MAINTENANT, ON NE PEUT PAS !
ON VA JOUER AU FOOT !
ON A MÊME TROUVÉ UN AUTRE BALLON !

ON L'A SHOOTÉ JUSQU'ICI ET...
EEH !!

IL EST OÙ NOTRE BALLON ?
IL DEVRAIT ÊTRE ICI !
REGARDEZ, LA TERRE A ÉTÉ À NOUVEAU RETOURNÉE !
?
?
C'EST UN COUP DE CE LAPIN !
C'EST SÛR !
NEYMAR DEVRAIT AVOIR UN CHIEN, COMME TOUT LE MONDE !
TOUT VA BIEN, MÉDOR !
MAIS TU POURRAIS PAS NOUS SORTIR D'ICI ?
FIN

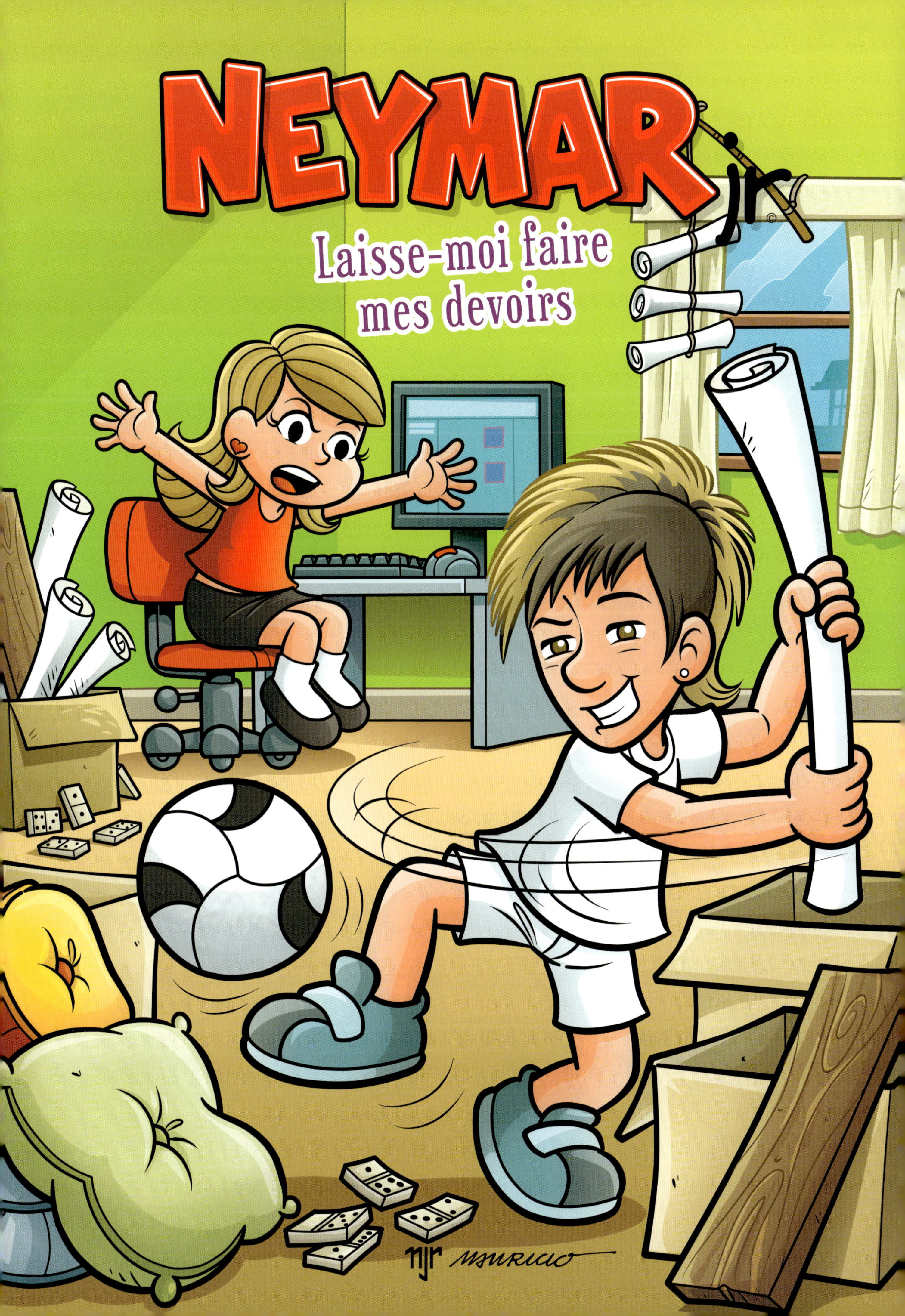
NEYMAR Jr
Laisse-moi faire
mes devoirs

LAISSE-MOI FAIRE MES DEVOIRS
ÇA FAIT UN BAIL QUE TU ES LÀ, RAFA !
TU NE VAS PAS ME LAISSER UTILISER L'ORDI, C'EST ÇA ?
CLIC
CLIC
CLIC
MAURICIO
ARRÊTE, NEYMAR !
TU VOIS PAS QUE JE SUIS EN TRAIN DE FAIRE UN TRAVAIL POUR L'ÉCOLE ?
MAIS TU ES SUR L'ORDINATEUR DEPUIS TROP LONGTEMPS !
MAINTENANT, C'EST MON TOUR !
AH, OUI ? ET JE PEUX SAVOIR CE QUE TU VEUX FAIRE DE SI URGENT SUR L'ORDINATEUR ?
BEN...C'EST POUR JOUER, QUOI !
ÇA, C'EST LE NOUVEAU JEU QUIABLO DEUX !
C'EST UN JEU DIFFICILE, AVEC PLEIN DE NIVEAUX ET DES SUPER DÉFIS

QUOI ?
TU VEUX QUE J'ARRÊTE DE FAIRE MON DEVOIR POUR QUE TU PUISSES JOUER ?!
BEN... IL FAUT AUSSI QUE JE METTE MA PAGE FACEBOOK À JOUR...
... ET VOIR CE QU'IL Y A DE NOUVEAU SUR TWITTER, DISCUTER SUR SKYPE...
AAAAAAH ! MON TRAVAIL D'ÉCOLE EST PLUS IMPORTANT !
SAUF QUE TU ES UNE VRAIE TORTUE !
TU METS DES HEURES À FAIRE UN TRUC DE RIEN DU TOUT !
PLUS TU M'EMBÊTES, PLUS ÇA VA ME PRENDRE DE TEMPS !
PUISQUE TU SÈCHES, POURQUOI TU NE ME LAISSES PAS LA PLACE ?
MAMAAANN !
HEIN ? POURQUOI TU APPELLES MAMAN ?

QU'EST-CE QU'IL SE PASSE ICI ?
NEYMAR NE ME LAISSE PAS FINIR MON TRAVAIL !
MOI ?!
NEYMAR ! LAISSE TA SŒUR FAIRE SES DEVOIRS !
TU VOIS ?
MAIS C'EST ELLE QUI PERD DU TEMPS !
C'EST TOUJOURS COMME ÇA...
...TU FINIS TOUJOURS PAR DEMANDER DE L'AIDE AUX GRANDS !
ALORS, J'EN ÉTAIS OÙ...
AH ! J'ALLAIS APPUYER SUR CETTE TOUCHE...
CLIC
CLAC
BONC
PAF
CLANC

!
?
AAAAHH ! ALLEZ, VENEZ !
JE VAIS PASSER TOUS LES NIVEAUX !!
PAF
POF
POF
PAF
NOOOON !
J'AI EFFACÉ MON DERNIER PARAGRAPHE !!
NEYMAR!!
GRRR!!
TU VOIS CE QUE TU AS FAIT !
QU'EST-CE QUE TU VEUX ?
TU VOIS PAS QUE JE SUIS OCCUPÉ ?
OCCUPÉ ?!
?
MAIS QU'EST-CE QUE TU ES EN TRAIN DE FAIRE ?
VU QUE JE PEUX PAS JOUER À MON JEU VIDÉO VIRTUELLEMENT, JE JOUE POUR DE VRAI !

J'AI MIS EN PLACE MON PROPRE CHAMP DE BATAILLE !
LÀ, CE SONT LES RUINES FANTASMAGORIQUES...
ET LÀ, L'IMPASSE DE LA TERREUR...
ET C'EST LÀ-BAS QUE JE TERMINE LE NIVEAU !
IL FAUT QUE JE SURMONTE LES DANGERS, QUE J'AFFRONTE MES ENNEMIS !
BIMP
BIMP
PAF
BOUM
MAMAAANNN !
MAIS POURQUOI T'APPELLES MAMAN ?!
ELLE SAIT MÊME PAS JOUER !

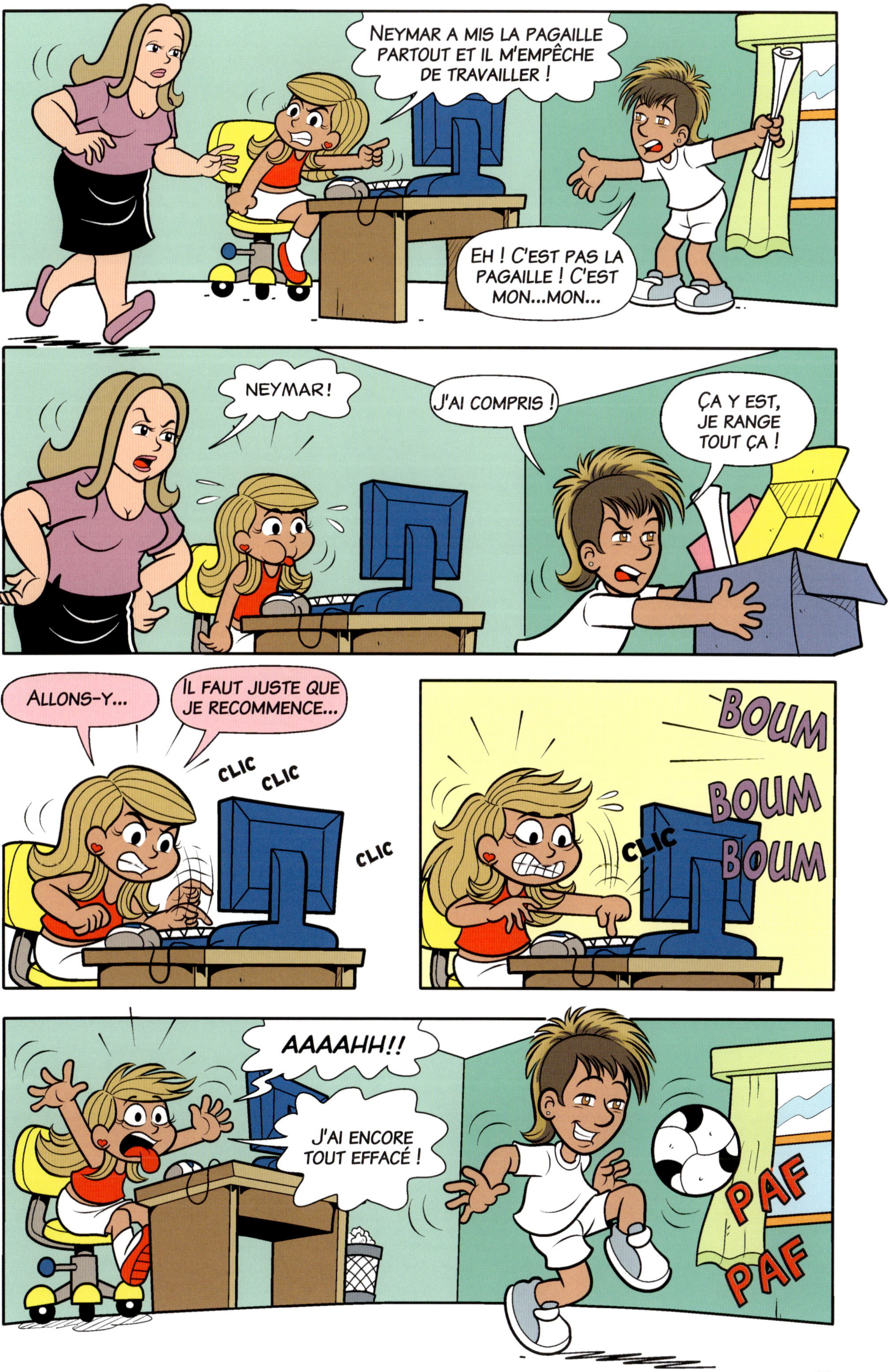
NEYMAR A MIS LA PAGAILLE PARTOUT ET IL M'EMPÊCHE DE TRAVAILLER !
EH ! C'EST PAS LA PAGAILLE ! C'EST MON...MON...
NEYMAR!
J'AI COMPRIS !
ÇA Y EST, JE RANGE TOUT ÇA !
ALLONS-Y...
IL FAUT JUSTE QUE JE RECOMMENCE...
CLIC
CLIC
CLIC
BOUM
BOUM
BOUM
CLIC
AAAAHH!!
J'AI ENCORE TOUT EFFACÉ !
PAF
PAF

NEYMAR!!
OH, LA, LA !
LA PIE SE RÉVEILLE !
POUF
POUF
POURQUOI TU NE VAS PAS JOUER AU FOOT DEHORS ?
PARCE QU'IL Y A DU VENT !
JE PEUX ATTRAPER UN RHUME !
MAMAAANNNN
AH !
MAIS POURQUOI TU APPELLES ENCORE UNE FOIS LA LIGUE DES SUPER-HÉROS ?
NEYMAR JOUE AU FOOT DANS LA MAISON !
EH ! J'ESSAIE JUSTE DE PENSER À MA SANTÉ !

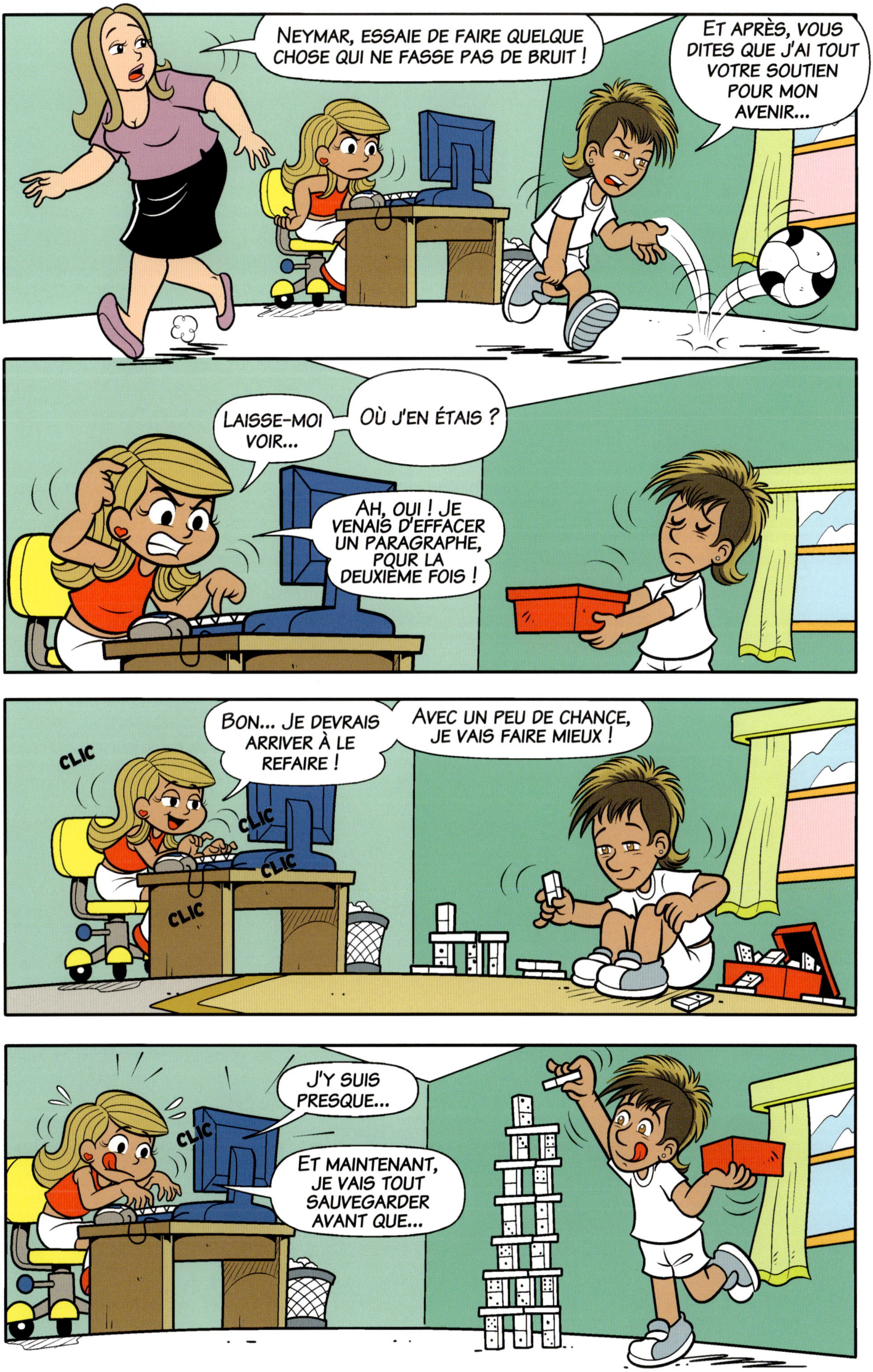

NEYMAR, ESSAIE DE FAIRE QUELQUE CHOSE QUI NE FASSE PAS DE BRUIT !
ET APRÈS, VOUS DITES QUE J'AI TOUT VOTRE SOUTIEN POUR MON AVENIR...
OÙ J'EN ÉTAIS ?
LAISSE-MOI VOIR...
AH, OUI ! JE VENAIS D'EFFACER UN PARAGRAPHE, POUR LA DEUXIÈME FOIS !
BON... JE DEVRAIS ARRIVER À LE REFAIRE !
AVEC UN PEU DE CHANCE, JE VAIS FAIRE MIEUX !
CLIC
CLIC
CLIC
CLIC
J'Y SUIS PRESQUE...
CLIC
ET MAINTENANT, JE VAIS TOUT SAUVEGARDER AVANT QUE...

CLIC
PLAC
PLAC PLAC
PLAC
PLAC
CRASH
AAAAHH...
MINCE ! LA PROCHAINE FOIS, JE COMMENCE DU HAUT VERS LE BAS !
OUIIIINNNN !!!!
QU'EST-CE QU'IL Y A ?
TU VAS PAS APPELER MAMAN, N'EST-CE PAS ?
JE...JE...

MON DIEU !
UN REGARD DE MAMAN VAUT BIEN PLUS QUE MILLE MOTS !
MAINTENANT, TU RESTES TRANQUILLE, T'AS COMPRIS ?
COMME TU VEUX !
CLIC CLIC CLIC CLIC
CLIC CLIC CLIC CLIC CLIC
CLIC CLIC
IL MANQUE UNE VIRGULE, JUSTE LÀ !

AAAAHH!!
EST-CE QUE TU PEUX ME LAISSER EN PAIX ?!
PLANTÉ LÀ, TU ME DÉCONCENTRES !
SI JE FAIS DU BRUIT, TU TE PLAINS... SI JE RESTE LÀ SILENCIEUSEMENT, TU T'ÉNERVES !
MA...
C'EST BON ! J'AI COMPRIS !
CLIC
CLIC
CLIC
BAM

BUUUUTTTT!!
OUPS
MAMAAANNN !
PLUS BESOIN ! J'AI FINI MON TRAVAIL !
SUPER ! J'AI L'ORDI POUR MOI TOUT SEUL !
PROFITES-EN BIEN !
AU FAIT...
T'AS PAS ENCORE FAIT TES DEVOIRS ?
AAAHH ! VOUS POUVEZ PAS BAISSER UN PEU LE SON DE LA TÉLÉ ?
C'EST LA TROISIÈME FOIS QUE JE RECOMMENCE CE PARAGRAPHE !
ET C'EST PAS LA PEINE D'APPELER MAMAN !
ELLE EST JUSTE À CÔTÉ DE MOI !
FIN